Στιχοπλοκίες
της ξενιτιάς

Στιχοπλοκίες
της ξενιτιάς

Γεώργιος Ν. Σγούρδος

ΠΟΙΗΜΑΤΑ

2005-2009

Στιχοπλοκίες της ξενιτιάς

Expatriate - greek poems

πρώτη έκδοση: Απρίλιος 2010 © Γεώργιος Ν. Σγούρδος

e-mail: sgourdos@yahoo.gr

ISBN 978-1-4452-6708-1

Μας φτάνει να μιλήσουμε
απλά
όπως πεινάει κανείς απλά
όπως αγαπάει
όπως πεθαίνουμε
απλά.

Τάσος Λειβαδίτης

στο γιο μου

ΠΕΡΙΕΧΟΜΕΝΑ

Όλοι γίνονται ποιητές

Όλοι γίνονται ποιητές
όταν σ' ερωτεύονται.
Τι δύσκολο που 'ναι
να ξεχωρίσεις έναν.
Εκείνον π' αληθινά
σ'ακούει.

Γενεύη, 2005

Κι όμως υπάρχει

Πόσες απαντήσεις
σε μιαν εικόνα
ζευγάρι ηλικιωμένοι
από το χέρι πιασμένοι
πατημένα τα ογδόντα
κι όμως στη γη
δεν πάτησαν ακόμα.

Neustift, Αυστρία, Σεπτ. 2008

Αλωνίσταινα

Εδώ και μέρες περίκλειστος
απ'όρη αυστριακά
εντούτοις εκείνα γενναιόδωρα
με γεμίζουν ζεστασιά.
Η ομοιότης καταπληκτική
ελατόδασος ολόγυρα πυκνό
καρυδιές, περήφανα πλατάνια
ένα ποταμάκι ελίσσεται
σε κατάφυτη μικρή κοιλάδα
και σπιτάκια που μιλούν θαρρείς
ζωντανή των Ελλήνων Ιστορία
να 'τη στο βάθος η Ζαμπία
ο μικρός ο Θόδωρος μπροστά
ξύλα και πάλι κουβαλούν
για τον διαφαινόμενο
του Έθνους νέο χειμώνα.

Neustift, Αυστρία, Σεπτ. 2008

Επιστροφή

Επιστροφή
εκεί που παιδί για πρώτη φορά
του δάσους τ'αγέρι άγγιξα
πατρίδας ανάσα απόχτησα.
Επιστροφή παντοτινή.

Αλωνίσταινα Αρκαδίας, 2008

Παλιοί φίλοι, νέες τύψεις

Φίλος απ' τα παλιά
τόσα χρόνια μετά
στον ίδιο δρόμο ξανά
δυο ξένοι γνωστοί
κουβέντες δειλές
κι έπειτα *τα λέμε*
υπόσχεση κενή
πάλι δε θα τον δω
εντούτοις ταιριάζαμε
μα πού χρόνος γι' αγάπη
-τί φθηνή δικαιολογία!

Γενεύη, 9 Μαρτίου 2009

Δεν τα βρίσκω

-Δεν τα βρίσκω πουθενά...
-Ρώτησες στ' "απολεσθέντα";
-Μα, δεν τα έχασα.
Ψάχνω για όνειρα καινούρια.

Χηνίτσα Αργολίδας, Αύγουστος 2009

Αναζήτηση

Στο Google αναζητώ μια λέξη
που μ' έχει σημαδέψει

ξενιτιά

ογδονταέξι χιλιάδες αποτελέσματα

ξενιτειά, πενηνταπέντε χιλιάδες
ξενητειά, εικοσιτρείς χιλιάδες
ξενητιά, έντεκα χιλιάδες

Μα τί σημασία
η ορθογραφία
ξενιτιά ή ξενιτειά
ίδιος είν' ο πόνος.

Sion, Ελβετία, 15 Δεκ. 2009

Θέλει τραγούδι

Ένα πεντάγραμμο αναζητώ
με νότες φρέσκες να γεμίσω
μα πού χρόνος για τέτοια
δες τα σιντί ταπεινωμένα
στο υπόγειο πώς μουχλιάζουν
η μουσική πια μόνον ανάμνηση
οριστικά περασμένης εφηβείας
όχι δεν είναι δυνατόν!

Αρχίζω λοιπόν ανασκαφές
ψάχνω κλειδιά του Φα σκουριασμένα
π' ανοίγουν ακόμη πόρτες παλιές
όνειρα πίκρες ανοιχτές πληγές
έρωτες προσδοκίες ορφανές

σκόρπια στιχάκια μαζεύω
και μελωδίες που 'ναι λειψές

(μα τ' αγαπημένα μου ρεφρέν
απ' έξω τα θυμάμαι δίχως λάθη)

κι ενώ κρυμμένα βαθιά
μέσα μου ζούσαν σιωπηλά
τώρα γλυκά σιγοτραγουδιστά
σαν ιστορίες άλλων διηγούμαι
έτσι γιε μου τη νύχτα αποκοιμιέσαι
κι εγώ φαντάσματα ανασταίνω!

Sion, 8 Νοεμ. 2009

Στα δύσκολα είσαι μόνος

Ξέσπασε καταιγίδα
της φύσεως υπερπαραγωγή
υπ' ουδενός την αιγίδα

(άφαντοι οι μεγάλοι χορηγοί)

είσοδος ελεύθερη
δίχως ομπρέλα
με δική σου ευθύνη.

Γενεύη, 7 Αυγ. 2009

Καλές προθέσεις

Στιγμιότυπα θέρους έγχρωμα
μ' ήλιο πολύ και αλμυρίκια
πλένονται τώρα στο γλυκό νερό
αδιαμαρτύρητα ξεθωριάζουν.
Η βροχή, πάντως, είχε καλές προθέσεις.

Γενεύη, 7 Αυγ. 2009

Δεν τα χώρεσε

Εν όψει διακοπών ολιγοήμερων
λίστα με τ' αναγκαία κάνεις
φωτογραφική μηχανή
το νέο σου λάπτοπ
φορτιστές λογής-λογής
συσκευές φορητές
κι αφόρητες
η βαλίτσα σου τώρα γεμάτη
δε χώρεσε τα όνειρα
-καλύτερα έτσι
πού να τα ψάχνεις τέτοια ώρα
καθώς κλαίνε παρατημένα
σε κάποια γωνιά σκοτεινή.

Χηνίτσα Αργολίδας, Αύγουστος 2009

Από μικροί

Ολόγυρα φωνές παιδικές
αμμουδιά πολλά υποσχόμενη
από εύπλαστο υλικό
στα όνειρα δίνει μορφή
μέχρι να τα 'βρει το πρώτο κύμα.
Από μικροί στα βάσανα.

Χηνίτσα Αργολίδας, Αύγουστος 2009

Καθαρά Δευτέρα

Θεατρίνος

Με το χαρτοφύλακα στο χέρι
σε αμμουδιά παραδεισένια
αυτές, κύριέ μου, δεν είναι "διακοπές"
είναι δουλειά μετ' εναλλαγής παραστάσεων
εξόχως θεατρικών
σαν το γιουχάισμα στην Επίδαυρο
το ταπεινωμένο σου Εγώ να ξεθυμάνει
πρωταγωνιστής κι εσύ
εν αγνοία σου
στη δική σου τραγωδία
με πρόβες κάθε μέρα
τον ρόλο τέλεια παίζεις
τη δουλειά τη συνήθισες
κάθε μέρα να πεθαίνεις
και κανείς να μη σε κλαίει
-κάποιος στη γωνιά κρυφογελά.

Χηνίτσα Αργολίδας, Αύγουστος 2009

Πατρικά ψεύδη

στον Μανόλη Αναγνωστάκη

Γιε μου, από δω και πέρα
τέρμα τα ψέμματα
από μικρός είναι καλύτερα
την αλήθεια να μαθαίνεις
ειδάλλως θέαμα θλιβερό
μεγάλος δίχως πυξίδα
στο πέλαγος ανήμπορος
μ' ύστατη σανίδα σωτηρίας
απομεινάρια παιδικών ονείρων.

Χηνίτσα Αργολίδας, Αύγουστος 2009

Θέρους ηχώ

Παρελθόν είναι πια
της παραλίας η ανεμελιά
μα στ' αυτιά μου ακόμα βουητό.
Βλέπεις, τα τζιτζίκια μου 'βαλαν ιδέες.

Χηνίτσα Αργολίδας, Αύγουστος 2009

Εφημερία

Νύχτα ζυγώνει
τα μάτια θες να κλείσεις
του ονείρου τον καμβά
με χρώματα να ντύσεις.

Όμως τί ατυχία
σήμερα είσ' εφημερία
όπως χθες, όπως αύριο
-θαρρείς- όπως πάντα.

Κι όταν μέρα ολόφωτη
απρόσμενα ζυγώσει
εσύ πώς να τη δεις
το φως θα σε τυφλώσει.

Εφημερία κατάντησε
η ζωή σου όλη
καθώς εφήμερη
ούτως ή άλλως.

Γενεύη, 27 Μαρτίου 2009

Ανέτοιμος

Τί θ'απογίνουν όλα
αν τώρα δα πεθάνω ξαφνικά;

Της κάρτας τον κρυφό κωδικό
μονάχα εγώ γνωρίζω
κράτησα βαθιά το μυστικό
τάφος, που λέμε.

Δόσεις άτοκες έξι
για ψυγείο άνευ καταψύξεως
πώς ν'αντεπεξέλθω
από τόπο χλοερό και αναψύξεως;

Στο φέισμπουκ τόσοι φίλοι
προφίλ έχουν χαριτωμένο
ανφάς δεν τους είδα ποτέ
ούτε κηδεία πρόλαβα ν'αναγγείλω.

Στο διαδίκτυο σύνδεση υπερταχεία
συμβόλαιο δυνατό με υπογραφές
έξω θα με πετάξει οριστικά
το ξέρω, και πεθαμένος θα πληρώνω.

Καταφθάνουν ιμέιλ, ο παραλήπτης απών
ποτέ πια τον Άρη δεν θα δω μεγάλο σα φεγγάρι
ούτε τη Μάικροσοφτ λεφτά να μοιράζει τσάμπα
η ψυχή μου αθάνατο σπαμ θα περιφέρεται στο σύμπαν.

Φάκελοι, αρχεία, σπαράγματα ηλεκτρονικά
φωτογραφίες και τραγούδια που άφησα γι' αργότερα
κι ο σκληρός ο δίσκος να κλαίει το μακαρίτη
-αυτός τουλάχιστον έχει εγγύηση ένα χρόνο ακόμα.

Κλήσεις αναπάντητες στο κινητό
μην είν' ο Χάρος να μου πει πως λάθεψε;
η μπαταρία πεθαίνει τελευταία
και η ελπίδα προτελευταία.

Πες πως μια μέρα τα ρύθμισα όλα αυτά
Ποιος θα' ναι ο παπάς;
Πόσο θα πάει το μάρμαρο;
Με κατάθεση στεφάνων ή άνευ;

Γι' αυτό σου λέγω, άκουσέ με
με τόσα θέματα ακόμα εκκρεμή
δεν είμαι έτοιμος καθόλου
για τη βαρκάδα τη στερνή.

Κι αν τα επιχειρήματα σαθρά κι αστεία
άκου λοιπόν κι αυτό
γιο έχω ακόμα πολύ μικρό
και μια γυναίκα που αγαπώ.

Neustift, Αυστρία, Σεπτ. 2008

Παράπλευρες απώλειες

Ακούραστη ψαρόβαρκα
η ταξιδιάρα μνήμη
στο λιμάνι για λίγο ξαποσταίνει
μα στο πέλαγος είν' η ζωή της.

Καθώς πλέει στ'ανοιχτά
στον ορίζοντα καμιά στεριά
δίχτυα ρίχνει στην άβυσσο
κάπου να πιαστεί
καθ' ότι άγκυρα δεν έχει.

Στα δίχτυα πρόθυμα
θηράματα γνώριμα πρώτα
οικειοθελώς παραδίδονται
καθ'έξιν καταφύγια ασφαλή.
Μόνο που μαζί τους συχνά
άθελά τους παρασύρουν
είδη απειλούμενα
μ'οριστικό αφανισμό
υποσχέσεις που περιμένουν
αρώματα ξεθυμασμένα
χαμόγελα ξεθωριασμένα
μελωδίες ξεκούρδιστου πιάνου
ανθοδέσμες πάνω σε λευκό μνήμα.
Τα ξεδιαλέγω όλα στοργικά
στο νερό τα επιστρέφω
μισοπεθαμένα, ως ήταν
μα όχι τελείως νεκρά.
Θάλασσα, σου είμαι ευγνώμων
όμως πάρ'το απόφαση

αυτά τώρα σε σένα ανήκουν.
Στο βάθος αχνοφαίνεται
λιμάνι προσωρινό
η λήθη.

Neustift, Αυστρία, Σεπτ. 2008

Όσφρηση ελαττωματική

Δυσωδία σκανδάλων συνεχής
μα η μύτη μας συνήθισε
σκανδαλωδώς
η ζωή συνεχίζεται
είδες το νέο αϊφόουν;
Κι εκείνοι ακάθεκτοι
στις βρωμοδουλειές με βουλιμία
εξασφαλίζουν από τώρα
Διονύσου μάρμαρο λευκό
και καλή θέα
με τα σκουλήκια υποθέτω
θα κάνουν καλή παρέα.

Η κόπρος του Αυγείου ξεχειλίζει
είναι πολλά τα χρόνια
μας στέρεψε κι ο Πηνειός
-κάποιο λάθος στο σχέδιο εκτροπής-
ενώ Ηρακλή δε βρίσκω πια
παρά μόνο στ'ουρανού τ'αστέρια.
Μία η προτεινόμενη λύση
να τα πάμε στην Ψυττάλεια.

Φοβούμαι δυστυχώς
δεν έχουμε πολιτική διαχείρησης
πολιτικών αποβλήτων
ούτε καν
αποσμητικό για τα προσχήματα.

Ενίοτε κάποιος «παραιτείται»
μετά από άνωθεν υπόδειξη
«για λόγους ευθιξίας» λέγει με θράσος
το ανακοινωθέν που τού 'γραψε άλλος
με τί μούτρα θα επιστρέψει σπίτι;
ή μήπως φύγει κατευθείαν
για διακοπές με το σκάφος;
Τί αιδώ, τί εκεί
το ίδιο κάνει άλλωστε
είπαμε,
ελαττωματικά εκ φύσεως
είναι τα ρουθούνια μας.

Neustift, Αυστρία, Σεπτ. 2008

Ένα σαλιγκάρι ηθικολογεί

Στης θνητής ευμάρειας το σύμβολο
φαινόμενο αξιοπρόσεκτο συντελείται
στα όρια πισίνας θερμαινόμενης
μετά τη βροχή ένα σαλιγκάρι
μισό πλακίδιο προ της αβύσσου
θαρρετός ακροβάτης
μεταξύ βρόχινου νερού
και ματαιοδοξίας χλωριωμένης
οι κεραίες του παιχνιδίζουν εμπρός
διστακτικά το καβούκι ακολουθεί
λίγες ψιχάλες βροχής τώρα
αναγκαία της φύσης υπενθύμιση
στο κρίσιμο σημείο
ανάμεσα στο λίγο νερό και το πολύ
αναπαράσταση πειρασμών ανθρώπινων
εκεί που θολώνει το μυαλό
ενστικτώδης η ροπή στην απληστία
-αυτά για τ'ανθρώπινα ισχύουν
καθώς το σαλιγκάρι διάλεξε να ζήσει
όπως του'ταξε η μητέρα φύση.
Κάποιος από μας τουλάχιστον
ας κοκκινίσει.

Neustift, Αυστρία, Σεπτ. 2008

Λάθος τρένο

Εάν έπαιρνα λάθος τρένο
ίσως μ' έβγαζε σε σωστό προορισμό.

Γενεύη (στο τρένο προς Neuchâtel), 2005

Διάλογος αυτόχειρων

Στης Πρέβεζας έναν καφενέ
ο Καρυωτάκης με το Μαγιακόφσκι
ο ένας πλάι στον άλλον καθισμένοι
τα πίνουν εντελώς απηυδισμένοι.
-Σκέφτηκα δια θαλάσσης
το δοκίμασα χθες
μα διάολε, ξέρω καλό κολύμπι.
-Συγνώμη φίλε, δεν πρόβλεψα
σφαίρα έχω μόνο μία.
-Σιγά μην περίμενα από σένα
έφερα το δικό μου.

Neustift, Αυστρία, Σεπτ. 2008

Ευσεβείς πόθοι

Βρέθηκα σε μιαν ελβετική μεριά
π' αντί για ορίζοντα έχει βουνά
στον χάρτη έβαλαν μόνο στεριά
θάλασσα δεν πρόβλεψαν πουθενά.

-Είναι μια λίμνη μεγάλη πιο πέρα
μού 'πες συμπονετικά μια μέρα.

-Να την χαίρεστε τη λίμνη σας!

Ποθώ 'να δειλινό με πυροφάνια
αλμύρα σα χιόνια στα μαλλιά
μια τόση δα στιγμή αιώνια
στην άμμο μια σου αγκαλιά.

Μου δείχνεις φιδίσιο ποταμό
των Άλπεων χιόνια αιώνια
μα γω μεροληπτώ γιατί έχω καημό
απ' την πατρίδα λείπω έξι χρόνια.

Sion, 8 Νοεμ. 2009

Στίχοι Αδέσποτοι

Στίχους δε σου γράφω πια
φοβάμαι
μήπως καταλήξουν
-εν αγνοία τους-
κεράκια στο δωμάτιό σου
αληθινής αγάπης δώρα
που μια μέρα θα κάψεις
(κάνουν ωραία φλόγα)
κι έπειτα
σα να μην υπήρξαν ποτέ
θα χαθούν στη λήθη
ή θα επιστρέφουν
στιχάκια ταπεινωμένα
βαθιά λυπημένα
πάλι σε μένα
γράμματα που εστάλησαν
σε λάθος διεύθυνση.

Γενεύη, 2005

Δεν υπάρχουν ειδήσεις

στον Ουμπέρτο Έκο

Αύγουστος
η τηλοψία σε διακοπές
φυσικό επακόλουθο
δεν υπάρχουν ειδήσεις.

Χηνίτσα Αργολίδας, Αύγουστος 2009

Νυχτερινό

Τα νυχτόβια ζώα
χούι έχουν σεβαστό
στο φως της μέρας κρύβονται
στη σκοτεινιά της νύχτας ζούνε
ενώ εμείς
σε σύγχυση πλήρη
μες στο μεσημέρι
βαθιά νυχτωμένοι
ανθρωπάκια στους δρόμους
θλιβεροί περιφερόμενοι εγωισμοί
θορωβωδώς κι ασκόπως
αν είχαμε λίγη επίγνωση
θα σπεύδαμε να κρυφτούμε
μέχρις ότου η νύχτα
τη ρυπαρή μαυρίλα μας
τέλεια να καλύψει.

Neustift, Αυστρία, Σεπτ. 2008

Εις μνήμην

Κυριακή
ξύπνημα γλυκό
τηγανίτες με καρύδια και μέλι
χάζι απ' το παράθυρο
στην Επάνω Χρέπα χιόνι
ίσως και στη Δεξαμενή.
Καταφθάνουν οι εφημερίδες
το σκίτσο του Μακρή
απόκομμα στο συρτάρι
στο ράδιο Θεία Λειτουργία
ενώ στο φούρνο το ψητό
σωστή ιεροτελεστία
η κουζίνα ευωδιάζει
αγάπη.
Το τραπέζι στολισμένο
γεύμα όλοι μαζί
μέθεξη.
Κι έπειτα μουσική
ή ένα βιβλίο
δίχως πρόγραμμα
τόσο απλά
και το βραδάκι
κάπως θλιμμένο
καθώς το πρωί σχολείο.

Κυριακή σήμερα
μα τηγανίτες δεν πρόλαβα.
Απ' το παράθυρο σύντομη ματιά
οι Άλπεις τριγύρω στα λευκά
όμως εδώ δε θα χιονίσει
-το είπε η Μετεωρολογική.
Η αγάπη μου κοιμάται
μετά από ολονύχτια δουλειά

ενώ το ράδιο κλειστό.
Εφημερίδα στο διαδίκτυο
σελίδες που δεν έχουν μυρωδιά
ένα-δυο άρθρα βιαστικά
του Μακρή το σκίτσο στον σκληρό.
Στο ψυγείο τυρί με λίγα λιπαρά
κι ένα γιαούρτι ληγμένο από καιρό.
Μα δες το γιο μου τώρα
στην κουζίνα τριγυρίζει
το ψητό αναζητά
μα ο φούρνος μας σβηστός.
Άμα μια μέρα αξιωθώ
ψητό θα κάνω με κόλλυβα
εις μνήμην.

Sion, 17 Ιαν. 2010

Εκποίηση

Συλλογή ποιητική
εκδίδει
στην ματαιοδοξία του
ενδίδει
όνειρα και καημοί
εν είδει
στίχων αγοραίων.

Φέρελπις ποιητής
εκδίδεται.

Martigny, 4 Φεβρ. 2010

ΣΥΝΤΟΜΟ ΒΙΟΓΡΑΦΙΚΟ

Ο Γιώργος Σγούρδος γεννήθηκε στις 25 Φεβρουαρίου 1976 στην Αθήνα, ενώ έζησε τα παιδικά του χρόνια στην Τρίπολη. Το σύστημα των Πανελληνίων Εξετάσεων τον έστειλε το 1994 στην Ιατρική Σχολή του Παν/μίου Πάτρας, απ'όπου αποφοίτησε το 2001 με Λίαν Καλώς. Ακολούθησαν 14 μήνες στρατιωτικής θητείας και περισυλλογής. Ο μεγάλος χρόνος αναμονής για λήψη ιατρικής ειδίκευσης στην Ελλάδα ήταν εκείνος που τον ανάγκασε να μετοικήσει στο εξωτερικό, συγκεκριμένα στη Γενεύη, τον Απρίλιο 2003. Στο Πανεπιστημιακό Νοσοκομείο της Γενεύης ολοκλήρωσε την ειδίκευσή  του στην Ακτινοδιαγνωστική και Επεμβατική Ακτινολογία. Από τον Οκτώβριο 2009 εργάζεται ως επιμελητής ιατρός στο Τμήμα Ακτινολογίας του Ιατρικού Κέντρου του καντονιού του Valais, στη γαλλόφωνη Ελβετία. Είναι παντρεμένος με τη Σοφία, αυστριακής καταγωγής, κι έχει ένα γιο. Έχει ασχοληθεί ερασιτεχνικά με το θέατρο (Θεατρική Ομάδα Τρίπολης, Θέατρο Ελλήνων Γενεύης), ενώ κατά καιρούς κάνει γελοιογραφίες και διάφορα σκαριφήματα που δημοσιεύονται στην εφημερίδα Οδός Αρκαδίας αλλά και στο ιστολόγιό του (blog) που τιτλοφορείται *Σκαριφήματα που δεν θ'αλλάξουν τον κόσμο* http://sgourdos-cartoons.blogspot.com/

Οι *Στιχοπλοκίες της ξενιτιάς* είναι η πρώτη συλλογή ποιημάτων που παίρνει το δρόμο του τυπογραφείου. Το ταξίδι συνεχίζεται, όσο βαστά η χάρτινη βαρκούλα.

Made in the USA
Monee, IL
07 July 2026